AF317874

NOTE

SUR

L'AMORTISSEMENT,

SUR LA

Direction du Crédit public,

ET

SUR LES RENTES RACHETÉES ET ACCUMULÉES ;

Par Dominique Lenoir,

ANCIEN AGENT-DE-CHANGE, EX-COMMISSAIRE DU COMMERCE.

2e. ÉDITION.

N. B. Le nombre des exemplaires de la première édition que je voulais déposer à la Bibliothèque de la Chambre s'étant trouvé trop borné, j'ai fait tirer une seconde édition, à laquelle j'ai ajouté quelques notes.   D. L.

Paris,

RENARD, à la Librairie du Commerce, rue Sainte-Anne, n. 71.

OCTOBRE 1831.

AVANT-PROPOS.

Il y a précisément un an que je fis distribuer aux Chambres une Note sur l'amortissement, imprimée sous la date du 12 décembre 1830.

Au commencement du mois d'octobre dernier, croyant que la Chambre de 1831 allait s'occuper immédiatement du budget, et invité, par quelques-uns de ses membres, à reproduire mon opinion sur l'amortissement, qui, disaient-ils, n'avait pas obtenu toute l'attention qu'elle aurait méritée, je fis imprimer une sorte d'appel, dans lequel j'annonçais que je déposerais à la bibliothèque de la Chambre des Députés quelques exemplaires qui me restaient de cet écrit.

J'ai réfléchi depuis qu'il valait mieux le faire réimprimer tel qu'il parut l'année dernière, et y ajouter de nouvelles notes. En attendant, j'ai distribué à MM. les Membres de la Commission du budget cet appel du mois d'octobre, et quelques exemplaires de l'ancien.

La réimpression a eu le sort de la discussion du

budget, elle a été successivement retardée; et je n'avais pas achevé de donner à l'imprimeur mes nouvelles notes, lorsqu'à propos des trois douzièmes de 1832, on a, dans la séance d'aujourd'hui 12 décembre, proposé, sans succès, la réduction de l'amortissement.

Présentée sous la forme d'une suspension indéfinie du paiement des arrérages de la rente de 40 millions, appartenant à la caisse d'amortissement, cette proposition devait être repoussée par une immense majorité. Mais la question de réduction de l'amortissement reste entière, et sera, bientôt, traitée plus solennellement. Je me détermine donc à distribuer et mon appel du mois d'octobre dernier et cette seconde édition de mon écrit.

Cependant, on me disait encore il y a peu de jours, que j'aurais mieux fait de ne pas faire imprimer cette opinion, et de la confier à quelques Députés seulement. J'y aurais consenti volontiers, si je n'avais déjà éprouvé que le besoin de se rendre propres les idées communiquées, porte les meilleurs esprits à les modifier et même à les dénaturer.

Pourquoi donc les hommes d'état ne prennent-ils pas les vérités où ils les trouvent? et si cet écrit en contient une seule, faudrait-il qu'elle fût perdue, parce qu'aucun Député ne voudrait encourir le reproche de l'avoir prise dans un imprimé ? Mirabeau, qui puisait partout, qui disait *que toute vérité lui appartenait, qu'il prenait son bien où il le trouvait,* recevait de chacun des notes, et même des discours; il ne s'en cachait pas, et disait seulement : *J'y ai mis de la poudre d'or.* J'ai la conscience que mon écrit peut être consulté utilement par quelques membres des Chambres, qu'ils peuvent y puiser des vérités, et les porter à la tribune, quitte à y mettre de la poudre d'or.

Paris, 12 décembre 1831.

Dque. LENOIR.

NOTE

Sur l'Amortissement, sur la Direction du Crédit public, et sur les Rentes rachetées et accumulées.

L'amortissement, cet utile modérateur de la dette publique, ce régulateur du crédit, a été doublement méconnu, et par ceux qui, *croyans ou non*, l'ont fastueusement présenté comme un moyen *magique* de créer des richesses en endettant l'état, et par ceux qui en ont fait un instrument de mensonge et de fraude, en employant chaque année près de 80 millions de la caisse d'amortissement, à racheter du 3 p. 100, pour faire croire à la baisse du taux de l'intérêt de l'argent, et dans le fait, pour payer plus largement l'indemnité aux émigrés.

Notre but, dans cette note, a été d'essayer de ramener l'amortissement à sa plus utile application.

Nous proposerons d'abord de le réduire à l'emploi seul de la dotation annuelle de 41,665,000 fr.

Nous conseillerons ensuite, d'en faire, dans les mains d'un ministre habile, un gouvernail pour diriger le crédit public à la Bourse.

Nous terminerons par une proposition relative aux rentes rachetées et accumulées.

Iʳᵉ. PARTIE.

Réduction de l'amortissement.

Nous ne pensons pas qu'il soit bien sage d'employer chaque année des sommes aussi considérables qu'on le fait, à racheter des rentes, lorsque l'état peut être encore obligé de faire de nouveaux emprunts. Il nous semble surtout qu'on ne devrait pas annuller des rentes, quand on peut être exposé à en émettre de nouvelles.

Mais, dira-t-on, ce sont des engagemens contractés pour tous les emprunts faits depuis 1815. L'amortissement a été voté pour en opérer le remboursement total par voie de rachat journalier.

Et pourquoi chacun de ces emprunts n'est-il pas

resté distinct ? et pourquoi l'amortissement spécial ne lui a-t-il pas été fidèlement appliqué, de manière que la dernière partie de l'emprunt puisse être rachetée, à la fin de la 34ᵉ année, par la dernière partie de son fonds spécial ?

C'est que cette promesse bizarre d'un amortissement spécial n'intéresse personne ; elle n'est faite que dans le but d'édifier les contribuables sur l'extinction des emprunts. Cela serait bon, si on n'en devait pas faire sans cesse de nouveaux. Les propriétaires d'inscriptions ne tiennent nullement à ce que cette extinction s'effectue jamais, et surtout dans un tiers de siècle.

Forcera-t-on alors les détenteurs des dernières parties de rentes de tel emprunt, à venir les vendre à la Bourse ?

Les menacera-t-on du remboursement s'ils ne vendent pas?

Si leurs rentes doivent être à cette époque au-dessus du pair, n'est-ce pas plutôt leur préparer une déception, que leur faire une brillante promesse?

Un état qui, par système, n'aurait pas de dette publique, qui se trouverait forcé, par une grande circonstance, de déroger à son principe, et de contracter un emprunt, pourrait sans doute l'accompagner du fonds spécial pour l'amortissement, afin de s'engager à l'éteindre dans un temps donné, et de n'en plus faire d'autres. Mais la France n'en est pas là.

Nous pensons donc qu'il faut désormais renoncer, en faisant de nouveaux emprunts, à cette affectation d'un fonds spécial d'amortissement, qui n'est qu'un leurre offert et accepté par habitude, une combinaison arrangée, et *mystiquement obligée des mots emprunt et amortissement,* une croyance réciproque tellement convenue que le public prêteur est en quelque sorte de moitié dans la séduction exercée par le ministre emprunteur.

Avec cette condition banale du fonds spécial, le gouvernement se croit autorisé à accumuler emprunts sur emprunts, qui sont toujours légitimés par cet éblouissant stratagème; rien ne garantirait qu'avec un tel système, la France ne doublât pas encore une fois sa dette d'ici à un demi-siècle.

Il vaut donc mieux prendre pour règle que, s'il importe à une nation riche et puissante, d'avoir une dette inscrite, dont les titres sont, en grande partie, des capitaux réels (1), il lui importe surtout de no

---

(1) Quelques hommes d'état ont prétendu que la dette inscrite ne constitue pas des capitaux réels; ils sont, disent-ils, formés aux dépens d'autres capitaux qui s'anéantissent en même temps.

Nous pensons aussi que la masse des inscriptions ne doit pas être considérée comme une masse de capitaux réels, et qu'il serait absurde de dire qu'une nation augmente les richesses publiques en faisant des emprunts, et en convertissant tous ses revenus en capitaux de rentes sur le grand-livre.

jamais la laisser s'accroître au-delà de certaines limi-
tes que les hommes d'état et la raison publique doi-

On sait bien que la contribution foncière réduit le capital
d'un bien fonds, mais il y a certains impôts qui n'attaquent
aucuns capitaux, et qui, convertis en rentes sur l'état, de-
viennent de nouveaux capitaux bien réels. C'est une puissance qui est spéciale aux états, parce que lorsqu'ils établis-
sent ces impôts, qui n'attaquent aucun capital, on sait
qu'ils ont la toute-puissance de les percevoir. Il suffit qu'ils
les affectent spécialement à servir les arrérages de contrats
de rentes dont ils font l'émission en même temps. Les parti-
culiers n'ont pas, comme les états, la puissance de créer des
capitaux, par leurs engagemens de payer des intérêts qui ne
sont pas hypothéqués sur un capital; ils ne peuvent pas,
comme les états, assurer et garantir la durée du paiement
des intérêts annuels, sans donner des gages. Aussi un par-
ticulier qui crée un contrat de rentes, et qui affecte pour
sûreté un capital en biens fonds, crée un capital en en
anéantissant un autre.

Pour prouver qu'un état a la toute puissance de convertir
certaines portions de son revenu en capitaux, nous prenons
pour exemple la contribution personnelle; il y en a beaucoup d'autres qu'on pourrait choisir. On pourrait même di-
viser tous les revenus d'une nation en deux classes : ceux qui
attaquent des capitaux et leur font subir une réduction, ceux
qui n'atteignent aucuns capitaux. Un million payé annuelle-
ment par la contribution personnelle, ne peut atteindre ni
réduire aucun capital; que l'état affecte ce million à servir
les arrérages d'un million de rente à 5 p. 100, qu'il vendra au
pair, il aura réellement fait naître des capitaux nouveaux et

vent assigner. Ainsi par exemple , la dette inscrite en rentes perpétuelles s'élève aujourd'hui à 204 millions dont 40 millions appartiennent à la caisse d'amortissement. Il en reste donc 164 millions en circulation.

Admettons qu'il soit bien reconnu qu'avec un budget de 900 millions , la dette inscrite en rentes perpétuelles ne dût être , dans la circulation, que du sixième, c'est-à-dire de 150 millions de rentes , il faudrait se proposer d'arriver dans quelques années à obtenir cette réduction.

Le budget annuel faisant connaître le montant de la dette inscrite, on y remarquerait l'accroissement de la masse des rentes de la caisse d'amortissement, et par conséquent la réduction de la masse de celles qui seraient en circulation. Cette dernière masse se réduirait toujours, et l'autre s'accroîtrait avec tout l'avantage des achats faits fort au-dessous du pair.

Les progrès de la masse des rentes de la caisse d'a-

---

bien réels, pour une somme de vingt millions ; et s'il ne les vend qu'au cours de 90, il n'aura fait naître que 18 millions de capitaux.

On dira peut-être que les contribuables auraient pu employer l'équivalent de leurs taxes personnelles, à composer des capitaux par accumulation ; mais ils ne l'auraient fait qu'avec le temps, au lieu que l'état qui compte bien qu'ils paieront toujours l'impôt annuel , a fait, en l'affectant à des rentes, des capitaux bien réels , qui augmentent la richesse publique.

mortissement attesteraient la bonne direction du ministre des finances, qui, encouragé par de premiers succès, tiendrait à honneur d'atteindre bientôt la réduction promise pour établir une bonne proportion entre le budget et la dette inscrite en circulation.

C'est ainsi qu'en réduisant à moitié la somme annuelle affectée à l'amortissement, on parviendrait, tout à la fois, à satisfaire les propriétaires de rentes et à édifier les contribuables sur la réduction de la dette inscrite.

On verra plus tard quel usage on pourrait faire des rentes accumulées, lorsque la masse en serait trop considérable.

IIe. PARTIE.

Direction du crédit public.

L'amortissement, en réduisant la dette publique, satisfait à une autre obligation de l'état à l'égard des propriétaires d'inscriptions sur le grand-livre ; il leur offre le moyen de réaliser en espèces leur capital à volonté, et c'est là le *seul remboursement possible.* L'état leur doit donc la présence, à la Bourse, d'un acheteur toujours prêt à acquérir la rente qui arrive au marché, et qui pourrait, certains jours, n'en pas trouver d'autres, à moins de faire trop baisser le cours.

L'amortissement se divise en deux opérations :

1°. Racheter des rentes à la Bourse, dont les arrérages servent à en racheter d'autres pour les accumuler ;

2°. Annuler les rentes rachetées et accumulées pour réduire la masse de la dette inscrite.

On ne se hâte jamais de faire cette seconde opération, parce que la puissance de l'intérêt composé augmente les moyens de faire la première.

Durant l'existence de la loi du 1er. mai 1825, les deux opérations n'en ont fait qu'une ; les rentes achetées chaque jour de Bourse, ont été immédiatement annulées. Cette mesure, à laquelle on a dû l'élévation rapide du 3 p. 100, a été une application encore plus excessive du système d'amortissement, qu'il était temps de faire cesser, et qui même impliquait contradiction ; car si l'on eût réglé la quotité du rachat annuel de ce fonds avec le but de l'éteindre dans le cours d'une série d'années, la conservation des rentes rachetées, et leur accumulation par l'intérêt composé, auraient dû entrer comme nécessité dans l'accomplissement de cette disposition. Mais bien loin de suivre une marche régulière dans ces rachats, on les a forcés outre mesure, comme si on n'avait eu en vue que d'ouvrir un écoulement continuel aux rentes 3 p. 100 délivrées aux émigrés. On a même eu lieu de remarquer que le rachat marchait quelquefois plus rapidement que la liquidation de l'indemnité.

Ainsi, on faisait parade d'un crédit factice et d'une prétendue baisse du taux de l'intérêt de l'argent, et la caisse d'amortissement était devenue une caisse de l'extraordinaire qui payait largement l'indemnité; il y avait mensonge et fraude.

En revenant à la vérité et à la justice, il importe de déclarer solennellement que l'état ne doit aux propriétaires de rentes sur le grand-livre que le paiement régulier des arrérages, et la présence continuelle d'un acheteur à la Bourse, pour aider *au seul remboursement possible* en soutenant le cours, et pour se mettre à même de réduire le montant de la dette inscrite en annulant des inscriptions, lorsqu'il n'y aura plus de nécessité de l'augmenter.

Mais si c'est un devoir pour un ministre des finances de racheter des rentes à la Bourse pour en soutenir le cours, c'est fort mal l'entendre; et c'est manquer le but, que de distribuer en journées égales les achats de la caisse d'amortissement; ce qui fait que certains jours son agent-de-change a quelque peine à dépenser la somme habituelle, et produit une hausse qui pourrait devenir difficile à soutenir ; et certains autres jours, il a épuisé le fonds journalier sans pouvoir lutter contre la baisse. Il nous paraît très-probable que la moitié, ou même le quart de la somme annuelle, qui est actuellement employée à racheter la dette inscrite, ferait plus d'effet que le tout pour diriger le cours des rentes, si l'on n'employait pas tous les jours des sommes égales, et si l'on n'intervenait qu'à propos.

Les ministres des finances ont été entraînés à distribuer leurs achats en journées égales, par la crainte d'être accusés de faire abus de la puissance de produire à leur gré la hausse et la baisse des fonds publics. Un ministre des finances qui oserait se placer au-dessus de semblables accusations parviendrait à tenir le gouvernail de la Bourse, avec une dépense de vingt millions par année. Les soupçons n'auraient pas même l'occasion de naître, s'il était bien pénétré de la pensée que toute son habileté devrait consister à éviter les grands mouvemens de hausse et de baisse. Quand le cours des fonds est stationnaire, les chamces dont un ministre ou ses amis pourraient profiter ne se présentent plus. En s'opposant aux variations multipliées, il rendrait en même temps de grands services à l'industrie et au commerce. Lorsque la Bourse ne présente plus aux joueurs que des chances modérées, ils se retirent; ils portent leur activité et leurs capitaux sur des objets utiles.

On a prétendu, cependant, que le jeu sur les fonds publics, était une conséquence nécessaire du système de crédit ; que les inscriptions étaient *des cartes* pour les joueurs ; que les ventes à découvert, *à marchés fermes et à primes*, étaient des moyens de succès pour les emprunts , et que les chances de la hausse et de la baisse, qui élèvent ou renversent tant de fortunes , avaient seules pu rassembler tous les capitaux qui affluent à la Bourse, et dont le mouvement continuel soutenait le cours des fonds publics, et entretenait une abondance d'argent à laquelle nous devrions la baisse du taux de l'intérêt; d'où l'on pourrait conclure rigoureusement que l'anéantissement de l'agiotage que nous osons espérer, serait la ruine du crédit public.

Il y a beaucoup d'exagération dans cette opinion. On a voulu dire sans doute que les opérations à terme étaient nécessaires pour le prompt écoulement des emprunts. Certes la vente, et la grande diffusion des rentes créées par les emprunts, seraient impossibles sans les marchés à terme. Ce n'est qu'à la faveur des opérations multipliées, qui se font au comptant et à terme, que les ventes et les achats considérables de rentes peuvent avoir lieu sans produire de grandes variations. Les *marchés à terme* sont les modérateurs des mouvemens de Bourse. C'est à leur aide que de fortes parties sont vendues en gros à des spéculateurs, qui les écoulent dans l'intervalle d'un mois à l'autre; et si quelquefois l'on juge que les livraisons pourraient, à certaines fins de mois, causer de l'embarras, des rachats au comptant, et de nouvelles ventes à termes, viennent, par ces *reports,* modérer le mouvement, et s'opposer à de trop grandes variations en baisse.

Mais les *marchés à terme*, qui ont pour objet des masses de rentes bien réelles, qu'il importe de faire écouler, et de classer successivement, en font faire d'autres, par des spéculateurs qui veulent profiter des mouvemens qu'ils prévoyent. Ils vendent à terme des rentes *qu'ils n'ont pas*, espérant les racheter à bas prix pour les livrer. Ils multiplient ces ventes avec un tel excès qu'ils parviennent souvent à opérer des baisses qui semblent devoir ébranler le crédit public.

Des joueurs à la hausse, tout aussi audacieux et imprudens que leurs adversaires, achètent à terme des masses de rentes *qu'ils ne pourraient pas payer*, et qu'ils comptent bien revendre avec bénéfice à des acheteurs qui prendront livraison en leur place; ces achats à terme sont de même multipliés avec un tel excès qu'ils parviennent à opérer des hausses qu'on prend mal à propos pour des signes de prospérité, et qui, causant aux joueurs à la baisse de grands embarras pour se procurer les rentes qu'ils ont indiscrétement vendues à découvert, ébranlent la place dans un autre sens.

C'est à lutter contre ces deux excès qu'un bon ministre des finances doit s'appliquer.

La sévérité des tribunaux contre ceux qui vendent à livrer *la chose qu'ils ne possèdent pas*, ne sert qu'à autoriser la mauvaise foi ; d'ailleurs si les joueurs à la baisse vendent *à découvert de rentes* , les joueurs à la hausse achètent *à découvert d'argent* , et devraient également encourir leur censure.

Non-seulement la doctrine des tribunaux manque d'une bonne justice distributive ; mais encore elle est impuissante pour réprimer les jeux de bourse ; ce n'est pas avec des arrêts qui, tout en flétrissant ceux qui les obtiennent, étonnent et scandalisent toutes les notabilités du commerce et de la banque (1) , ni avec des prohibitions que les agens-de-change sont entraînés à éluder par état , et sans blesser l'honneur,

---

(1) Les banquiers, les capitalistes, et le plus grand nombre des spéculateurs en fonds publics , considèrent les *marchés à terme*, à l'égal des acceptations. Quelques joueurs de mauvaise foi ont la même opinion quand ils gagnent, et soutiennent, lorsqu'ils perdent, que les marchés à terme ne sont que des paris.

Ainsi, les agens de change sont journellement exposés , par leurs opérations les plus habituelles et les plus productives, a être, contrairement aux réglemens, obligés de répondre pour des cliens inexacts. Ce n'est pas ici le lieu d'indiquer les moyens de faire qu'ils soient toujours *en mesure* de régler entre eux leurs opérations à terme, comme il règlent celles au comptant, sans engager leur responsabilité pour les unes plus qu'ils ne le font pour les autres. J'en ai fait la matière d'un mémoire qui a excité l'attention du ministre des finances. (6 *octobre* 1831.)

est inattaquable, parce qu'il agit dans le plus vérita-
ble intérêt de l'état.

Mais cela se peut-il? Et si une nouvelle loi d'amortissement, donnait au ministre la liberté de disposer
en journées inégales de la somme annuelle de la dotation, comment devrait-il opérer?

Nous affirmons que cela est possible, et même
facile. Voici la marche que sans doute il adopterait.

La dotation de la caisse d'amortissement, qui est
actuellement de 41,665,000 fr. étant une charge du
trésor à l'égard de la caisse d'amortissement, lui est
versée par parties régulières, en bons royaux que
l'on convertit en écus jour par jour pour satisfaire
aux achats égaux de l'agent-de-change.

Le caissier attendra, en gardant les bons royaux en
portefeuille, les ordres du ministres des finances *qui
règlera dans sa sagesse*, d'après la situation politi-
que, si dans telle circonstance, le cours des fonds
doit être soutenu ou abandonné à lui-même. Cependant, comme il doit avoir un acheteur toujours pré-
sent à la Bourse, il laissera une certaine latitude à
l'agent-de-change, les jours qu'il croira devoir s'abs-
tenir.

Il se peut donc que, pendant l'intervalle d'un ou
de plusieurs mois, au lieu d'employer les douzièmes
de la dotation, il laisse accumuler plusieurs millions
dans le portefeuille des bons royaux, qui contient
des valeurs dont le capital est *invariable*.

Si, plus tard, la baisse l'oblige à de forts achats, il fait négocier les valeurs de ce portefeuille, et grossit celui des inscriptions, qui contient des valeurs dont le capital est *variable* suivant le cours de la Bourse.

C'est avec ces deux portefeuilles qui doivent, l'un portant l'autre, se grossir chaque mois d'une valeur de 3,472,000 fr., qu'il gouverne autant que possible les cours de la Bourse, soit en achetant des rentes, soit en en vendant, soit en restant immobile.

Toutes les opérations étant inscrites les jours mêmes qu'elles sont effectuées, aucun abus n'est possible. Le ministre et la caisse d'amortissement peuvent rendre compte de tous les achats et de toutes les ventes, avec tout autant de régularité, que l'on rend compte aujourd'hui des achats égaux de chaque jour de Bourse.

Le seul abus possible serait que le secret des jours d'achats, des jours de ventes ou des jours de repos étant connu de quelques personnes, on pourrait en user et jouer à coup sûr. Cet abus, toutefois, n'est autre que celui qui résulte ordinairement de la connaissance prompte des nouvelles ou des mesures de gouvernement qui peuvent avoir de l'influence sur le cours des fonds (1). Mais ici l'abus serait sans in-

---

(1) Le ministre pourrait braver l'accusation d'avoir dit en confidence le secret des jours d'achats et de ventes, comme

2

convénient, puisqu'il tendrait toujours à corroborer l'effet que le ministre aurait voulu produire, soit pour arrêter la baisse, soit pour modérer la hausse, et d'ailleurs il serait peu profitable, attendu que le ministre s'opposerait toujours aux grands mouvemens.

Ainsi, nous n'hésitons pas à persister dans l'opinion que le ministre des finances doit, à sa volonté, acheter ou vendre, soit au comptant, soit à terme (1), telles masses de rentes qu'il lui plaira; et

---

il a dû braver celle d'avoir fait la confidence des nouvelles avant de les faire afficher à la Bourse.   (*Note nouvelle.*)

(1) Ainsi, dira-t-on, le ministre jouera seul contre tous ; mais ce sera pour faire cesser le jeu, et non comme M. de Villèle, pour l'exciter en y employant le syndicat des receveurs-généraux, qui avait le privilége de verser et de puiser dans le trésor, pour livrer, ou lever des masses de rentes, ce que les victimes appelaient *la pompe foulante et aspirante.* Ces fonctionnaires, qui sont en général des hommes considérables par leur fortune et leur crédit, préféreront devenir, sous un ministre ami du commerce, des instrumens du crédit commercial entre Paris et les départemens.

En faisant réimprimer cet écrit en décembre 1831, je crois devoir ajouter ici qu'en conseillant au ministre des finances de faire opérer *à terme* à la Bourse, j'entends conseiller des opérations que, malgré la doctrine des tribunaux, je persiste à croire légales. Je suis d'avis qu'il ne manque au régime de la Bourse qu'un petit nombre d'articles supplémentaires de réglemens qui avaient été promis par l'article 90

qu'il suffit que toutes les écritures en soient tenues régulièrement, de manière à les publier chaque année avec le budget.

---

du Code de Commerce ; on respecte trop religieusement les anciens, que les rédacteurs du Code de Commerce avaient trouvés surannés.

Les marchés à terme, tels qu'ils se rédigent aujourd'hui, sont, d'une part, des promesses de livrer une chose vendue contre le paiement de la somme due au taux convenu ; et, de l'autre part, des promesses de payer une somme contre la livraison de la chose achetée. Ces dernières promesses diffèrent des billets en ce que, 1° elles ne sont pas à ordre, et 2° en ce qu'elles n'expriment pas la *valeur reçue*, mais bien, que la valeur sera livrée contre le paiement.

On pourrait les rédiger aussi en style de lettres de change. Le vendeur tirerait sur l'acheteur la somme que celui-ci accepterait de payer contre la livraison de la chose vendue ; l'acheteur tirerait sur le vendeur une quantité de rentes ou d'actions que celui-ci accepterait de livrer contre le paiement de la somme due.

Toute la différence entre les marchés à terme et les billets ou lettres de change, consisterait donc en ce que, dans ces derniers engagemens, *la valeur* étant exprimée *reçue*, il n'y a pas lieu que le vendeur s'oblige par un acte inverse à livrer des marchandises ou telle autre valeur ; l'une des deux parties ayant livré la valeur qui est exprimée *reçue*; celui qui doit payer est le seul engagé, le contrat n'est pas synallagmatique. Les *marchés fermes à termes*, tels qu'ils sont aujourd'hui, sont de véritables contrats synallagmatiques. Dans leur contexture actuelle, ils sont des promesses de payer

Il pourra montrer aux commissaires de la caisse d'amortissement, les comptes des deux portefeuilles, et démontrer qu'ayant toujours acheté à des cours plus ou moins bas pour soutenir les fonds, et vendu à des cours plus ou moins hauts pour modérer la hausse et se ménager de grands moyens de lutter contre la baisse, il a acheté plus de rentes avec moins d'argent que ses prédécesseurs, et qu'il a réellement acquis à l'état une valeur supérieure (1).

Il pourra même, en certaines années, ménager sur la dotation, pour se préparer au besoin de plus fortes armes pour les années suivantes :

On aura beau lui dire qu'il a pu jouer à l'abri de ce mode d'opération, il aura le droit de répondre qu'un ministre joueur pourrait faire des bénéfices immenses en forçant les hausses et les baisses ; il aura bien mérité de la patrie en ménageant les de-

---

contre la livraison, ou de livrer contre le paiement ; ils engagent donc tout autant qu'une promesse ou un billet ; et, s'ils étaient faits sur papier timbré, les tribunaux ne devraient y trouver aucune différence. Donc, un ministre des finances peut en toute sûreté de conscience faire opérer à terme comme au comptant.

(1) Le compte des achats égaux que la caisse d'amortissement aura faits en 1831, fera connaître que le 5 p. 100 vendu en août 1831 à 84 fr., a été racheté, dans les premiers jours de décembre, à 96 fr. Je persiste à soutenir que c'est fort mal opérer. *(Note nouvelle.)*

niers de l'état ; et il aura de plus le mérite d'avoir empêché les grandes variations, qui seules attirent les joueurs à la Bourse, et détournent les capitaux des opérations industrielles et commerciales.

IIIe. PARTIE.

Rentes accumulées.

Près de 40 millions de rentes ont été rachetées depuis la restauration ; c'est un trésor dont nous devons l'énormité à l'excès du système d'amortissement (1). Un gouvernement réparateur peut en faire un double usage :

1°. Il peut alléger les contribuables d'une somme égale, en considérant ces 40 millions, qui sont payés à raison de 20 millions par semestres, comme une des recettes dont il peut composer l'actif du budget ;

2°. Il peut considérer cette masse de rentes comme des emprunts *tout faits* que le ministre des finances

(1) Ce trésor contient une grande partie du produit des ventes de bois dont l'aliénation appliquée long-temps à l'amortissement a cessé par égard pour le clergé, comme l'annulation des rentes en 3 p. 100 a eu lieu pendant cinq ans, par égard pour les émigrés. Sans ces deux considérations, le trésor serait de plus de 50 millions de rentes. Mais les rentes annulées ont réduit la dette, et les bois nous restent. C'est un autre trésor.

peut demander *par parties* aux chambres, tout aussi bien qu'il demanderait à en faire de nouveaux.

Il pourra donc prendre sur ce trésor de 40 millions de rentes telle portion que les besoins publics exigeront : 5 millions, 10 millions de rentes qui réduiront d'autant la somme à porter à l'actif du budget. Autorisé par une loi à vendre les parties de rentes qu'il aura prises sur cette masse (1), il en fera la négociation de telle manière qui lui paraîtra convenable, soit par adjudication, et avec concurrence, soit à la Bourse par parcelles.

Si les circonstances présentes obligeaient le gouvernement à faire un emprunt par les voies ordinaires, le prestige habituel du fonds spécial d'un pour cent pour l'amortissement n'éblouirait personne ; le prix seul pourrait déterminer une compagnie à en entreprendre la vente en détail, et le prix serait probablement au-dessous des bas prix actuels.

Il y a lieu de penser qu'aujourd'hui, soit qu'on crée de nouvelles rentes, soit qu'on dispose d'une partie des anciennes, il serait préférable de les vendre par parcelles, et à mesure des besoins. Il y au-

---

(1) La loi du 25 mars 1817 a interdit toute vente de ces rentes rachetées et accumulées ; mais on ferait chose semblable à une vente de 5 millions de ces rentes, en en annullant 5 millions et en créant pareille somme de rentes par une loi nouvelle. *(Note nouvelle.)*

rait chance pour que la hausse se manifestât avant les époques où leur vente deviendrait nécessaire.

On ne manquera pas de faire valoir la vente par adjudication, qui, dans tous les temps, nous paraît un mode vicieux. On fait jouer trop gros jeu au gouvernement, ou à la compagnie adjudicataire ; celle-ci peu faire de très-grands bénéfices que le public blâme toujours, ou de fortes pertes dont un gouvernement loyal ne profite qu'avec répugnance, et qui, d'ailleurs, donnent lieu à des réclamations, comme on l'a déjà éprouvé en 1815 de la part d'un banquier étranger (1).

---

(1) M. le baron Louis a pu apprécier, cette année, ce que vaut la prétendue concurrence qu'on attend des adjudications publiques. Il n'a reçu pour son emprunt de 120 millions, qu'une seule soumission faite par quatorze maisons de banque, qui n'avaient pas voulu concourir entre elles, et qui, aussi, n'ont pas trouvé de concurrens. Le fait est que dans les circonstances périlleuses de cette adjudication, plusieurs des premières maisons ont craint de jouer trop gros jeu et se sont abstenues. Les quatorze maisons qui ont divisé leurs risques en s'associant, ont hésité long-temps pour se décider à donner le prix de 84 fr., *minimum* du ministre, qui excédait de 2 fr. la soumission unique. Ils ont en effet *joué très-gros jeu*, car la moindre de ces fréquentes émeutes qui servaient si bien les joueurs à la baisse, pouvait faire rétrograder le 5 p. 100 à 75 fr., et leur présenter une perte de 15 millions. Le ministre avait, de son côté, couru le risque de n'adjuger qu'à ce même prix de 75 fr. si

La vente par parcelles doit être confiée au ministre des finances.

Mais, dira-t-on, il achètera donc d'une main pour la caisse d'amortissement, et il vendra de l'autre pour le trésor ; et pourquoi pas ? cela serait-il nouveau ? M. le comte de Chabrol, en adjugeant l'emprunt de 80 millions, ne vendait-il pas du 4 pour 100 pour le trésor, pendant qu'il achetait du 3 pour

---

les émeutes ne se fussent pas calmées huit jours avant celui de l'adjudication. Jamais la critique de ce système n'a été mieux faite que dans cette occasion. Le gouvernement et la compagnie ont réellement *joué trop gros jeu;* et si les émeutes fussent survenues peu après l'adjudication , si de graves résultats politiques eussent causé une baisse considérable et prolongée, la compagnie n'aurait-elle pas eu quelque droit de réclamer ? Mais, bien au contraire, le retour de l'ordre a donné de grands bénéfices à cette compagnie, et il y a lieu aujourd'hui de demander s'il n'eût pas mieux valu vendre à la Bourse ces 7 millions de rentes à mesure des besoins du Trésor. Les 120 millions que cette adjudication a procurés, ne devaient-ils pas être d'une rentrée certaine ? Lorsqu'on avait pour consommateurs assurés 1° la caisse d'amortissement qui pouvait y employer plus de 80 millions en un an ; 2° tous les anciens propriétaires de rentes qui avaient vendu, par peur, au-dessus ou aux environs du pair, et qui, la peur passée, ont racheté à grands bénéfices ; 3° les consommateurs habituels qui placent en rentes sur l'État leurs économies, leurs bénéfices ou leurs rentrées diverses ?   (*Note nouvelle.*)

100 pour la caisse d'amortissement ? Seulement, il faut espérer qu'il n'y aura pas 9 à 10 pour 100 de différence en perte du prix d'achat à celui de vente (1).

Le ministre, au contraire, pourra faire vendre les rentes de l'emprunt par l'agent-de-change du trésor à des prix toujours plus élevés que les achats de la caisse d'amortissement; les deux agens-de-change opéreront très-rarement les mêmes jours, et souvent il y aura des mois entiers pendant lesquels un seul sera chargé d'agir.

Cette différence de rentes à 5 pour 100, à 4 1/2, à 4 et à 3, cessera d'exister, si la raison publique parvient à reconnaître qu'il ne faut plus penser au droit vrai ou prétendu de remboursement. Il n'y aura plus que *des rentes perpétuelles;* les inscriptions de différentes origines, conserveront, il est vrai, leur intitulé jusqu'à nouvelles mutations; mais lorsqu'il ne sera plus question d'en rembourser jamais le capital, elles seront toutes égales; elle ne différe-

---

(1) Quelques chiffres diront beaucoup :

12,000 fr. de rentes en 3 p. 100 achetées à la Bourse, le jour de l'adjudication, au prix de 84, ont coûté 336,000 fr.

12,000 fr. de rentes en 4 p. 100 vendues par adjudication à 102 fr. ont produit................. 306,000 fr.

Différence en perte....... 30,000 fr.

Ce qui fut bien près de 10 p. 100.

ront que par le nombre de *francs de rentes perpé-tuelles*, auquel chacune donnera droit à son titulaire (1).

Ainsi, les 40 millions de rentes de la caisse d'amortissement, bien qu'il y soit entré des rentes de ces diverses origines, seront 40 millions *de francs* de rentes.

Qui donc pourra se plaindre du parti que nous

---

(1) Les rentes à 5 p. 100, à 4 1/2, à 4 et à 3, pourront être cotées à la Bourse par le mode uniforme du prix de 5 fr. de rentes.

Aujourd'hui, 5 fr. de rentes en 5 p. 100, valent 90 fr. ;
4 fr. 50 c. de rentes en 4 1/2, valent 80 fr. ;
4 fr. de rentes en 4 p. 100, valent 75 fr. ;
3 fr. de rentes en 3 p. 100, valent 60 fr.

Si notre système était accueilli, 5 fr. de rentes, n'importe l'origine, seraient toujours vendues au même cours. Les différences actuelles cesseraient d'exister.

Qu'en arriverait-il ? Cela ferait-il tort à ceux qui possèdent du 3 p. 100 ? Le 5 p. 100 étant à 90 fr., le 3 p. 100 ne serait-t-il pas à 54 ? Cela est certain.

Mais il nous est démontré que le 5 p. 100, ayant été retenu par la crainte du remboursement, s'élèverait bientôt à 100, lorsqu'on n'en serait plus menacé ; et que les autres fonds se trouveraient au niveau sans avoir besoin de s'élever. De nouvelles causes de hausse feront bientôt élever au-delà de 100 le cours de 5 fr. de rentes. Le 3 p. 100 alors s'élèvera au-dessus de 60.

conseillons de prendre, de renoncer au remboursement?

Les propriétaires d'inscriptions ne seront plus inquiets de cet avenir toujours menaçant : de ce remboursement, quelque peu probable, et quelque éloigné qu'il soit.

Les contribuables craindront-ils de voir la dette s'éterniser, et tendre toujours à s'accroître sans prévoir sa réduction? Non, sans doute: l'amortissement agira sans cesse. Les 204 millions actuellement inscrits ne s'accroîtront plus. Les 40 millions de rentes de la caisse d'amortissement, pourront bien, par suite de quelques emprunts dont on peut dès à-présent prévoir et borner l'étendue, se réduire accidentellement à 30, 25 ou 20 millions. Mais la dotation de 41,665,000 fr. , employée avec habileté chaque année, et la vente de quelques bois, auront bientôt rétabli, et même accru, ce chiffre de 40 millions, qu'il faudrait, en quelque sorte, consacrer comme *maximum* de cette réserve.

Mais laissons à nos neveux le soin de régler selon les vœux de la raison publique, le point auquel il faudra s'arrêter, pour annuler ensuite une certaine somme de rentes (1).

---

(1) Lorsqu'il deviendra possible d'annuler des rentes, on pourrait commencer par une annulation de 4 millions de rentes pour fixer la dette inscrite à 200 millions.

Si plus tard ce trésor s'élevait à 50 millions, on pourrait

Nous ne nous dissimulons pas que notre système d'amortissement sans fonds spécial pour chaque emprunt, heurtera des idées fort accréditées, et qu'il sera qualifié d'hérésie en finances, bien que nous croyions sincèrement qu'il ne peut exister ni dette publique, ni crédit sans amortissement ; mais il doit être *mesuré*, de manière à pouvoir balancer tous les accroissemens d'une dette qui est déjà dans une bonne proportion avec le budget de l'état, et à l'y ramener au besoin ; il ne doit pas être *demesuré* comme s'il semblait promettre de la rembourser en entier, tout en servant de prétexte à de continuels accroissemens (1).

Nous nous attendons également à de graves ob-

---

en annuler 10, ce qui réduirait la masse inscrite à 190 millions, d'où déduisant les 40 millions appartenant à la caisse d'amortissement, il resterait en circulation 150 millions de rentes, sixième du budget de 900 millions.

(1) La discussion qui s'est élevée dans la séance du 10 décembre à la Chambre des Députés s'est ressentie du défaut de principes bien arrêtés sur cette matière. Ce n'est qu'après de longs débats, que la raison l'a emporté, que le fonds spécial d'un pour cent a été repoussé, et qu'il a été décidé que les rentes créées par l'article 3 de la loi nouvelle, participeraient à la dotation annuelle d'amortissement ; ainsi, voilà un emprunt qui serait fait sans affectation d'un fonds spécial !

jections sur le système de direction du crédit à la Bourse, nous répondrons qu'un ministre consciencieux peut l'adopter sans risque de se compromettre. Ceux qui, dans d'autres temps, ont profité de leur puissance pour accroître leur fortune, n'auraient pas compris ce qu'il y aurait eu à gagner à l'immobilité des fonds publics.

Nous savons bien aussi qu'on s'élèvera contre la vente d'une partie des rentes accumulées.

Nous dirons qu'il vaut mieux remettre *légalement* en émission 10 millions de ces rentes que d'en créer autant de nouvelles, attendu que, dans le premier cas, la somme de la dette inscrite n'en serait pas augmentée, et que, dans le second cas, les 204 millions seraient portés à 214.

Ainsi, nous croyons pouvoir insister sur les trois points de notre doctrine :

1°. Réduction de l'amortissement à moitié ;

2°. Direction du crédit à la Bourse, confiée au ministre des finances ;

3°. Emploi des rentes accumulées à de nouveaux emprunts *demandés aux chambres.*

Nous avons la confiance que tôt ou tard ces idées trouveront des partisans.

Mais nous sommes impatiens de les publier, parce que nous croyons de bonne foi que le moment est venu de les accueillir, de les consacrer par une loi, et d'en confier l'exécution à un ministre qui réunit toutes les qualités nécessaires à leur bonne application, et qui, pour leur exécution, tracera la route que devront suivre ses successeurs (1).

Paris, 12 décembre 183o.

---

(1) M. Laffitte m'a laissé le droit de supposer que s'il avait lu ma note sur l'amortissement, il l'aurait prise en quelque considération ; il n'en a pas trouvé le temps. Admis familièrement auprès de lui, j'ai essayé plusieurs fois de l'en entretenir ; mais séduit par le charme de sa conversation, j'ai toujours préféré l'écouter.   (*Note nouvelle.*)

Imprimerie de David, boulevard Poissonnière, n° 6.